JOSEFA DE LIMA

PULSAÇOES

©Copyright: Josefa de Lima
©Copyright: da presente edição, Ano 2019 WANCEULEN EDITORIAL

Título: PULSAÇOES
Autor: JOSEFA DE LIMA

Editorial: WANCEULEN EDITORIAL
Sello Editorial: WANCEULEN POÉTICA

Fotografia da capa: JOSÉ LUIS RÚA

ISBN Papel: 978-84-9993-152-4
ISBN Ebook: 978-84-9993-153-1

Impresso em Espanha. 2019.
WANCEULEN S.L.C/ Cristo del Desamparo y Abandono, 56 - 41006 Sevilla
Webs: www.wanceuleneditorial.com y www.wanceulen.com
Email: info@wanceuleneditorial.com

DEDICATÓRIA

Este pequeno livro que dedico a Olhos de Água
contém toda a luz que a inunda, tal como a água
que se expande para lá do horizonte.
Contém o sol, as flores, os aromas,
as gaivotas e as andorinhas...
os melros e todas as pequenas aves
silenciadas com a noite...
Contém nas entrelinhas o riso das crianças
que habitam o meu coração...
e a gente que aqui vive,
dando as mãos numa grande roda.
Restam os grilos
cantando
até nos adormecerem...

Prefácio
A Impermanência Instável da Luz

"Pulsações" habita essa insondável região dos sentidos, propicia à inquietação dos criadores. De poema para poema, vamo-nos deparando com esse enigma único e fundador (nunca resolvido e por isso em permanente indagação) que se radica na antiga pergunta da Esfinge a Édipo, e que sobrepõe a busca da identidade do indivíduo à do Homem (do qual cada sujeito é meramente um rosto precário).

Dividida entre a ars e a techené, esta busca do enigma duplo que é a identidade (ou o eu) e o fazer poético (a palavra), resulta, no fundo, na perseguição do processo poético do ofício do poeta:

A folha muda e desnuda
consente o fio de tinta
pronto a eternizá-la.

Um processo poético que, neste caso, parte de uma concepção poemática minimalista, caracterizada por uma economia de palavras coesa e límpida.

Josefa Lima apresenta-nos num movimento dialéctico, uma expansão de espaço e uma contracção de nudez, que parece reintegrar os conceitos de uma paisagem. Neste caso, a paisagem de Olhos de Água.

Encontramos assim, uma voz genesíaca que primeiro chama e depois desvia num léxico restrito do

mundo infantil, conferindo corpo aos elementos pela linguagem que materializa.

Por isso reconhecemos nestes poemas diversos *topoi* familiares: luz, água, silêncio e memória, entrecortados por dois poemas intitulados "Turistas", os quais parecem colocar uma espécie de entrave no adensamento na luz e no silêncio, perseguidos pela poetiza. Veja-se o poema intitulado "Gravidade":

Esvoaço nos espaços
rasgados de luz
indiferente ao peso das memórias

Numa operação retórica de contracção e amplificação de um Mesmo – que no devir se vai fazendo Outro –, a poetiza não esquece ao longo dos vinte poemas o ponto original em que a concepção poética constitui o reflexo de um sujeito que se estrutura a partir de memórias primordiais.

Em "Artesanato", diz-nos:

Depuro-me
na sauna forçada
entre o barro e o gesto.

Assim, em Josefa Lima, a nomeação do mundo intranquiliza a sua imobilidade, conferindo um sentido não só à existência das coisas na sua imanência, como também à multiplicidade de sentidos que delas imanam, como se vê em "Postal Telegráfico":

"Um telhado
um fragmento no Atlântico

uma árvore
um cometa no céu branco
quatro chaminés
nas águas vertem mágoas

uma gaivota intrometida
poisa sobre o chá arrefecido

A atmosfera onírica criada em cada poema transporta o leitor para um espaço alongado, intangível e distante, no qual a paisagem serve de internamento a uma alma inquieta de criança.

Uma paisagem esfíngica, desejada mas não tocada: no lugar de uma imagem nítida, apenas o esboço da realidade onde apoetiza se interna (e foge da cal ou casa tebana onde parece sufocada e ao mesmo tempo protegida): no fundo a poesia como uma esfinge imperturbável que, como tal, permanece, fixada em letras de luz e água – e que traduzem, afinal, o nome daquela que a cria: Josefa Lima.

Esta liberdade chamada poesia (e que tão bem se espelha no poema que dá título a este livro, "Pulsações" e que a retiram do "silêncio da noite" onde um solitário "grilo" faz pulsar o tempo e lhe aviva "a memória" e a "insónia" confere-lhe também um sabor de mágoa à existência. Por isso os dias se sucedem "grávidos de luz" e se sobrepõem à "emergência do sonho" – por outras palavras, e obedecendo a um dos mitemas edipianos, aquilo que perseguimos será aquilo que nos há-de caçar.

Esta obra de Josefa Lima eterniza-se no tempo e na paisagem, graças ao valor daquilo que constitui o fazer poético. Tal como nos diz em "Alma":

Um pássaro
Expande-se no espaço

Dilui-se no azul
Até ao infinito

Que o criador seja sempre esse pássaro azul inscrito no infinito.

Luísa Monteiro

A ETERNIDADE

A folha muda e desnuda
Consente o fio de tinta
Pronto a eternizá-la

ALMA

Um pássaro
expande-se no espaço
dilui-se no azul
até ao infinito

GRAVIDADE

Esvoaço nos espaços
rasgados de luz
indiferente ao peso das memórias

OLHOS DE ÁGUA

A luz
apaga todas as arestas
aviva a cal
que cobre os habitáculos
o silêncio regressa
às entranhas do mar

HABITÁCULO

Suspensa a casa
no meio círculo iluminado
emerso das águas

mais céu que sal
rasgo de luz e de silêncio

AMANHECER

Amanhece o dia
na boca das andorinhas

absorvo a luz de cal

o sol beija sem pudor
a nudez oferecida

tempero-me de sol e água

MAIO

Cresce com o tempo o rumor
das asas das águas

é onda luz a eternidade
breve
a derramar-se

DIURNO

Descendo
a luz converge na cal
explode no dia

lenta
escorre
pela face oculta
da terra

CREPÚSCULO

Atravessam a luz
as aves
cruzam-se a caminho do oculto

pontuam a seu tempo
a pauta das copas

célere o canto cessa
a noite desce

com ela a intermitência
das cigarras

PULSAÇÕES

Fico-me
No silêncio da noite

Solitário
um grilo
faz pulsar o tempo

aviva-me a memória
a insónia

TAPEÇARIA

Grávidos os dias
sucedem-se

à contagem dos fios
à mistura das cores
à emergência do sonho

PUZZLE

Molda-se o canto das gaivotas
no rosto molhado do dia

as asas pincelam as casas

puzzle de luz e sombra
a construir com o olhar

TORMENTA

Fermenta o mar num sopro
o hálito húmido irrompe
deixando o bafo nos poros de cal

num voo raso
cruzam-se as aves
na sede breve
de uma gota de água

TURISTAS – I

Largam as roupas as casas
tomam de assalto os espaços
a luz o silêncio
a poeira milenar que limita o fio das águas

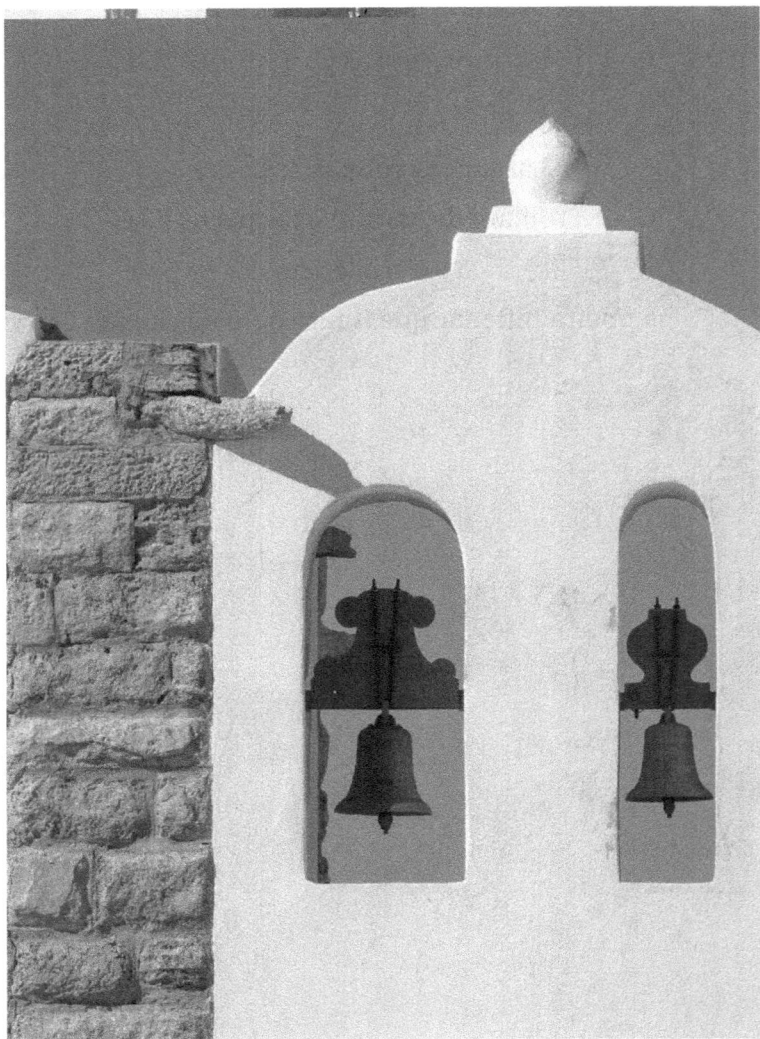

TURISTAS – II

emigram como aves
ondulam como vagas
ferem o tempo na celeridade

CICLOS

Outros sons outros passos
outros corpos outros laços
fundem-se nas águas

ARTESANATO

Depuro-me
na sauna forçada
entre o barro e o gesto

MARÉS

Na lenta
sequência
o cigarro
a caspa o gesto
o olhar
Sonha-se alto
a maré baixa

POSTAL TELEGRÁFICO

Um telhado
um fragmento no atlântico
uma árvore
um cometa no céu branco
quatro chaminés
nas águas vertem mágoas

uma gaivota intrometida
poisa sobre o chá arrefecido

ORIGENS

Deixo as linhas do rosto
cruzarem-se sem pressas

o absoluto virá
do silêncio profundo das águas

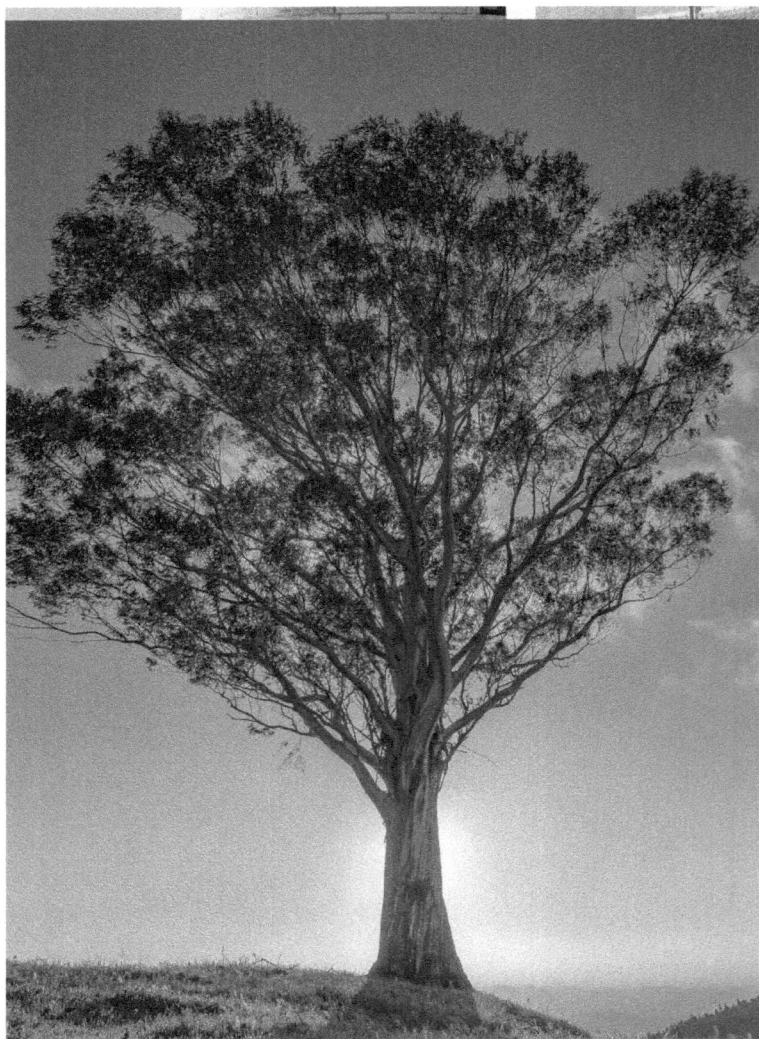

www.ingramcontent.com/pod-product-compliance
Lightning Source LLC
Chambersburg PA
CBHW070110070426
42448CB00038B/2462